Fy Meibl Bach i

Testun gan
Christina Goodings

Lluniau gan
Emily Bolam

CYHOEDDIADAU'R GAIR

Cyhoeddwyd gan Gyhoeddiadau'r Gair 2012

Cyhoeddwyd yn wreiddiol dan y teitl
The Lion Bible for Me
gan Lion Hudson plc

Addasiad Cymraeg: Eleri Huws

Golygydd Cyffredinol: Aled Davies

Cysodi: Rhys Llwyd

Cydargraffiad byd-eang wedi'i drefnu gan Lion Hudson plc, Rhydychen

Argraffwyd yn China.
ISBN: 978 185994 719 7

Mae'r cyhoeddwr yn cydnabod cymorth ariannol a golygyddol Cyngor Llyfrau
Cymru.

Dyfynnir o'r Beibl Cymraeg Newydd, Argraffiad Diwygiedig (2004), gyda diolch i
Gymdeithas y Beibl.

Cyhoeddwyd gan:
Cyhoeddiadau'r Gair
Ael y Bryn, Chwilog,
Pwllheli, Gwynedd
LL53 6SH

Y Beibl

Casgliad hyfryd o straeon a dywediadau o amser maith yn ôl ydy'r Beibl.

Mae'n dweud sut cafodd y byd ei wneud.

Mae'n sôn am bobl yn ceisio gwneud y peth iawn, sef bod yn ffrindiau i Dduw.

Mae'n sôn am bobl yn gwneud pethau da, ac yn gwneud pethau drwg.

Mae'n sôn am Iesu, oedd yn dweud wrth bobl sut i fyw fel ffrindiau i Dduw, nawr ac am byth bythoedd.

Yn y dechrau

Yn y dechrau, roedd pob man yn dywyll.

"Bydded goleuni," meddai Duw. A daeth golau i ddisgleirio – fel fflam, fel diemwnt.

Gwnaeth Duw yr awyr las lydan a'r môr mawr dwfn. Gwnaeth Duw y ddaear, lle tyfodd yr hadau bach yn blanhigion mawr cryf.

Gwnaeth Duw yr haul melyn, y lleuad arian, a'r sêr i oleuo'r nos.

Gwnaeth Duw y pysgod a'r adar, ac anifeiliaid o bob math: rhai mawr a rhai bach, rhai ffyrnig a rhai doniol.

Yna gwnaeth Duw bobl. "Y byd hwn ydy'ch cartref hyfryd chi," meddai Duw. "Edrychwch ar ei ôl e."

Roedd y gwaith caled ar ben; roedd hi'n bryd cael diwrnod o orffwys.

Gardd Eden

Plannodd Duw ardd yn Eden – paradwys o gartref i Adda ac Efa.

"Fe gewch chi fwyta ffrwyth unrhyw goeden," meddai Duw, "heblaw'r un yn y canol. Bydd ffrwyth honno'n ddrwg i chi."

Pan oedd Efa ar ei phen ei hun, sleifiodd neidr tuag ati.

"Celwydd!" hisiodd. "Bydd y ffrwyth yna'n eich gwneud chi'n ddoeth."

Bwytodd Efa beth o'r ffrwyth, a'i rannu ag Adda. Ar ôl ei fwyta, roedden nhw'n teimlo cywilydd. Pan ddaeth Duw i siarad â nhw, aeth y ddau i guddio.

"Nawr rhaid i chi fynd o baradwys," meddai Duw. "Y tu allan i'r ardd, bydd bywyd yn galed iawn i chi."

A dyna ddigwyddodd. Yn waeth na dim, doedd Duw a'i bobl ddim yn ffrindiau gyda'i gilydd.

Noa a'r dilyw

Roedd pobl y byd yn ddrwg. Noa oedd yr unig ddyn da.

"Rydw i am i ti adeiladu arch, sef cwch mawr," meddai Duw wrth Noa, "i ti a dy deulu, a dau anifail o bob math. Rydw i'n mynd i anfon dilyw."

Adeiladodd Noa ei arch. Yna anfonodd Duw y glaw. Roedd yr arch yn arnofio ar wyneb y dŵr mawr llwyd.

O'r diwedd, stopiodd y glaw. Dechreuodd y dilyw gilio'n araf.

"Tyrd allan o'r arch," meddai Duw wrth Noa. "Mae'n bryd ailddechrau'r byd unwaith eto.

"Edrych ar yr enfys acw. Rydw i'n addo y bydd yna haf a gaeaf, amser plannu ac amser cynhaeaf, am byth bythoedd."

Abraham ac awyr y nos

Un noson, roedd Abraham yn eistedd y tu allan i'w babell. O'i gwmpas roedd y defaid, y geifr a'r gwartheg yn pori'r glaswellt.

"Rydw i'n ffermwr cyfoethog," meddai, "ac wedi codi fy nghartref ar dir da Canaan. Ond does gen i a Sara fy ngwraig ddim mab."

Yna siaradodd Duw, yn dawel a chlir. "Fe gei di fab, Abraham, a bydd gen ti gymaint o ddisgynyddion ag sydd yna o sêr yn yr awyr.

"Bydd dy deulu di'n dod â bendith Duw i'r byd."

Un diwrnod, daeth addewid Duw yn wir. Cafodd Abraham a Sara fab o'r enw Isaac – sy'n golygu "chwerthin".

Joseff a'i frodyr

Un o wyrion Isaac oedd Joseff a fe oedd ffefryn ei dad, Jacob. Rhoddodd Jacob got liwgar iddo.

Roedd deg brawd hŷn Joseff yn genfigennus. Un diwrnod, penderfynon nhw ei werthu i fod yn gaethwas yn yr Aifft. "Mae anifeiliaid gwyllt wedi lladd Joseff!" medden nhw wrth Jacob.

Gofalodd Duw am Joseff a'i helpu i esbonio breuddwydion pobl. Roedd y brenin yn ei hoffi, a daeth Joseff yn ddyn pwysig iawn.

Aeth blynyddoedd lawer heibio. Ar ôl cael cynaeafau gwael, daeth brodyr Joseff i'r Aifft i chwilio am fwyd. Maddeuodd Joseff iddyn nhw.

"Dewch yma i'r Aifft i fyw," meddai. "Mae 'na ddigon o fwyd i chi . . . a 'nhad . . . a Benjamin, fy mrawd bach."

A dyna sut y daeth pobl Israel i'r Aifft.

Babi mewn basged

Aeth blynyddoedd lawer heibio. Roedd gan yr Aifft frenin newydd. Doedd e ddim yn hoffi pobl Israel.

"Gwnewch nhw'n gaethweision!" meddai. "Boddwch eu bechgyn bach i gyd!"

Gwnaeth un mam fasged fyddai'n arnofio ar y dŵr. Rhoddodd ei bachgen bach ynddi, a'i guddio yn y brwyn ar lan afon.

Roedd Miriam, ei merch, yn gwylio wrth i dywysoges yr Aifft ddod i ymdrochi. Gwelodd hi'n dod o hyd i'w brawd.

"O! Am gariad bach! Fi fydd piau hwn," meddai'r dywysoges. "Rydw i am ei alw'n 'Moses'."

Daeth Miriam ati. "Rydw i'n gwybod am rywun allai ofalu amdano," meddai.

Aeth Miriam i nôl ei mam. "Cadwa Moses bach yn saff i mi," meddai'r dywysoges wrthi.

Dianc o'r Aifft

Tyfodd Moses i fyny fel tywysog yn yr Aifft. Ond roedd yn gwybod mai un o bobl Israel oedd e. Roedd e'n drist oherwydd bod ei bobl yn gaethweision.

Un diwrnod, siaradodd Duw. "Dos â phobl Israel i Ganaan," meddai. "Dyna lle bydd eu cartref."

Ond roedd y caethweision yn ddefnyddiol i frenin yr Aifft. "Na, chân nhw ddim mynd," meddai wrth Moses.

Yna, digwyddodd pob math o bethau ofnadwy: stormydd, pla o bryfed, a gwaeth. Gwelodd y brenin fod Duw'n ei rybuddio. "Dos, wir," meddai wrth Moses. "Dos â dy bobl oddi yma."

Er mwyn helpu ei bobl i ddianc, agorodd Duw lwybr iddyn nhw drwy'r Môr Coch.

Yr Addewid

Rhwng yr Aifft a Chanaan, roedd anialwch Sinai.

Bu pobl Israel yn byw yno fel crwydriaid am bedwar deg o flynyddoedd.

Helpodd Duw nhw i ddod o hyd i ddŵr.

Gofalodd am fwyd iddyn nhw – soflieir a manna.

Dywedodd Duw wrth Moses pa reolau roedd yn rhaid iddyn nhw eu cadw, i'w helpu i ddysgu beth oedd yn iawn ac yn dda.

Un rheol oedd caru Duw â'u holl galon, eu holl enaid a'u holl nerth.

A charu pobl eraill fel roedden nhw'n caru eu hunain.

"Dyma'r addewid," esboniodd Moses. "Os byddwch yn cadw'r rheolau, bydd Duw yn Dduw i chi. Chi fydd pobl Dduw, a bydd Duw yn gofalu amdanoch chi."

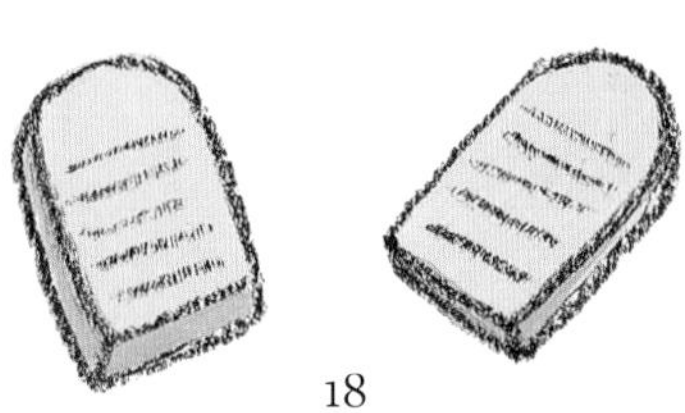

Josua a waliau Jericho

Roedd Moses yn hen ŵr. Dewisodd Josua fel yr arweinydd nesaf.

"Os byddi di'n cadw'r rheolau," meddai Duw wrtho, "bydd popeth yn iawn."

Arweiniodd Josua y bobl i Ganaan. Y dasg gyntaf oedd cipio dinas Jericho.

Unwaith y dydd, am chwe diwrnod, bu Josua a'r bobl yn martsio o gwmpas y ddinas. "Ram-pa-pa-paa," seiniodd y trwmpedau. Roedd milwyr Jericho'n sefyll ar y waliau, yn gwylio.

Ar y seithfed diwrnod, martsiodd Josua a'r bobl o gwmpas y ddinas saith gwaith. "Ram-pa-pa-paaaa!" seiniodd y trwmpedau. Gwaeddodd y bobl. Cwympodd waliau Jericho i'r llawr.

Roedd Duw wedi helpu Josua i ennill y frwydr.

Gideon yn gwarchod ei bobl

Gwnaeth pobl Israel eu cartref yng ngwlad Canaan, ond daeth gelynion i ymosod arnyn nhw.

"Rhaid i ni gael rhywun i'n hamddiffyn," medden nhw.

Ffermwr ifanc oedd Gideon. Roedd arno ofn y bobl ddrwg oedd yn dwyn ei gnydau.

"Fe wna i dy helpu," meddai Duw.

Felly dewisodd Gideon 300 o ymladdwyr dewr. Aethon nhw i guddio o gwmpas gwersyll y dynion drwg. Roedd gan bob un ohonyn nhw drwmped, a ffagl dân mewn jar.

Yn nhywyllwch y nos, rhoddodd Gideon yr arwydd.

Seiniodd y dynion y trwmpedau. "Ram-pa-pa-paa!"

Torrodd pawb eu jariau, a dal y ffaglau tân yn uchel.

Cafodd y dynion drwg fraw, a rhedeg i ffwrdd.

Teulu newydd Ruth

"Ooo," cwynodd Ruth, "mae 'nghefn i'n brifo ar ôl plygu i gasglu'r barlys. Ond edrych faint sy gen i!"

Dangosodd y barlys i Naomi, ei mam-yng-nghyfraith. Roedd Ruth a Naomi'n dlawd, a doedd ganddyn nhw ddim teulu.

"Roedd Boas, y ffermwr, yn garedig," meddai Ruth. "Dywedodd wrth ei weithwyr am adael digon o farlys ar ôl i ni."

Gwenodd Naomi. "Mae e'n dy hoffi di," meddai, "am dy fod mor dda tuag ata i. Gwranda: mae gen i syniad. Beth am i ti ofyn i Boas dy briodi di?"

Cytunodd Boas. Yn fuan, roedd y teulu'n cynnwys Boas a Ruth, Obed eu babi . . . a Naomi, oedd wedi dotio at ei hŵyr bach.

Samuel yn clywed llais

Roedd yna le o addoliad yn Seilo, ac Eli oedd yr offeiriad. Roedd wrth ei fodd yn cael bachgen o'r enw Samuel i'w helpu.

Rhan o waith Samuel oedd cadw'r lampau ynghynn. Yn aml, roedd yn cysgu'n agos at y lamp fawr aur.

Un noson, clywodd rywun yn galw. Ai Eli oedd yno? Nage.

Clywodd Samuel y llais dair gwaith, a thair gwaith fe redodd at Eli. "Y tro nesaf," meddai Eli, "dweda wrth Dduw dy fod ti'n gwrando."

Dywedodd Duw wrth Samuel y byddai'n tyfu i fyny i fod yn arweinydd doeth. Am flynyddoedd lawer, bu Samuel yn helpu'r bobl i gadw rheolau Duw.

Dafydd a Goliath

Roedd Samuel yn mynd yn hen, a gelynion y bobl yn mynd yn fwy mentrus.

"Dewisa frenin i ni!" llefodd pawb.

Gyda help Duw, dewisodd e Saul – dyn golygus a dewr. Ond doedd e na'i filwyr ddim am fentro ymladd yn erbyn Goliath, un o filwyr y Philistiaid.

Bugail ifanc o Fethlehem oedd Dafydd. Roedd e'n ŵyr i Ruth.

"Galla i ymladd eirth a llewod i'w rhwystro rhag lladd fy nefaid," meddai. "Fe wna i ymladd Goliath."

Gafaelodd mewn ffon dafl a phum carreg fechan, a mynd i chwilio am Goliath. "Bydd Duw'n fy helpu!" gwaeddodd.

Taflodd garreg, a chwympodd Goliath i'r llawr. Rhedodd y Philistiaid i ffwrdd.

"Hwrê i Dafydd yr arwr!" gwaeddodd pawb.

Teml aur Solomon

Roedd Dafydd yn filwr gwych. Gorchfygodd holl elynion y bobl, a chafodd ei ddewis yn frenin. Adeiladodd ddinas Jerwsalem ar ben bryn.

"Rydw i am adeiladu teml newydd hardd yn y fan hon," meddai. "Bydd yn gartref i'r blwch aur lle rydyn ni wedi cadw rheolau Duw'n saff ers dyddiau Moses."

Aeth Dafydd ati i wneud y cynlluniau a threfnodd Solomon, ei fab, y gwaith ar yr adeilad.

Pan oedd y lle'n barod, daeth pawb at ei gilydd i ddathlu.

Gweddïodd Solomon: "O Dduw, gwranda ar ein gweddïau yn y lle hwn. Yn dy gartref yn y nefoedd, clyw ni a maddau i ni."

Elias a'r tân

Ar ôl amser Solomon, dechreuodd y bobl gweryla. Rhannwyd y deyrnas yn ddwy.

Yn nheyrnas gogledd Israel, dechreuodd y bobl anghofio rheolau Duw. Roedd y brenin Ahab yn addoli duwiau eraill.

Rhybuddiodd Elias ef. "Am dy fod yn ddrwg," meddai, "fydd Duw ddim yn anfon glaw."

Sychodd y ddaear, a doedd dim cnydau'n tyfu. Roedd yn rhaid i Ahab gytuno i wneud beth oedd Eliseus yn ei ofyn iddo.

"Dweda wrth dy offeiriaid am adeiladu tân ar gyfer dy dduwiau."

Gwnaethon nhw hynny.

"Nawr dweda wrth y duwiau hynny am gynnau'r tân."

Gofynnodd yr offeiriaid, ond ddigwyddodd dim byd.

Adeiladodd Elias dân a gweddïo.

Ar unwaith, anfonodd Duw fflam danllyd o'r nefoedd.

Yn fuan wedyn, dechreuodd fwrw glaw.

Jona

Un diwrnod, daeth Duw i siarad â Jona.

"Dos i Ninefe," meddai. "Dweda wrth y bobl am beidio â bod mor ddrwg . . . neu fe fydda i'n eu cosbi."

Gwgodd Jona. "Maen nhw'n haeddu cael eu cosbi," meddai wrtho'i hun. Rhedodd at lan y môr a neidio ar gwch oedd yn mynd yn bell i ffwrdd.

Anfonodd Duw storm fawr. Taflwyd Jona i'r môr. Nofiodd clamp o bysgodyn heibio, a'i lyncu.

"Helpa fi, Dduw," gweddïodd Jona. "Fe fydda i'n ufudd i ti."

Taflwyd Jona o geg y pysgodyn. Glaniodd ar y traeth a brysio i Ninefe. "Rhaid i chi fod yn dda," meddai wrth bawb.

A dyna wnaethon nhw: y brenin, y bobl a'r plant.

"Rydw i eisiau caru pawb, a maddau iddyn nhw," meddai Duw.

Heseceia'n ymddiried yn Nuw

I'r gogledd o wlad Israel roedd Asyria a'i dinas fawr, Ninefe.

Roedd byddin Asyria'n ffyrnig iawn. Yn gyntaf, gorchfygon nhw deyrnas Israel. Yna dyma nhw'n martsio i deyrnas Jwda a gorchfygu un ddinas ar ôl y llall.

Yn Jerwsalem, roedd y Brenin Heseceia'n ofnus iawn. Aeth i weld Eseia, oedd yn ffrind i Dduw.

"Paid â phoeni," meddai Eseia. "Pan mae'r Asyriaid yn greulon wrthon ni, mae Duw yn flin. Bydd Duw'n gofalu amdanon ni."

Roedd byddin Asyria'n gwersylla y tu allan i Jerwsalem, ond roedd Heseceia'n ymddiried yn Nuw.

Un diwrnod, trawyd milwyr Asyria i gyd yn sâl. Aethon nhw adre heb frwydro. Roedd Jerwsalem yn ddiogel.

Y deyrnas heddychlon

Roedd Eseia bob amser yn ffyddlon i Dduw. Ond doedd ei bobl ddim wedi bod mor ufudd. Dyna pam roedd yr Asyriaid wedi ennill cymaint o frwydrau. Er hynny, roedd Eseia'n credu y byddai teyrnas Dafydd yn bwysig unwaith eto.

"Un diwrnod, fe fydd yna frenin newydd," meddai Eseia. "Bydd Duw'n ei wneud yn ddoeth ac yn dda. Bydd ei deyrnas yn un heddychlon.

"Bydd bleiddiaid a defaid yn byw gyda'i gilydd, a'r llewpart yn byw gyda'r geifr.

"Bydd lloi yn bwydo gyda llewod, a gwartheg gydag eirth.

"Plant bach fydd yn gofalu amdanyn nhw, a bydd pob neidr yn ddof.

"Bydd pawb yn gweld mai dim ond Duw sy'n fawr ac yn dda."

Joseia, y brenin da

Roedd Joseia'n or-ŵyr i Heseceia. Roedd e'n ceisio cadw rheolau Duw bob amser.

Pan oedd e'n frenin, roedd angen atgyweirio'r Deml yn Jerwsalem. Daeth yr adeiladwyr o hyd i hen lyfr yn cynnwys rheolau Duw. Aeth yr offeiriad â'r llyfr at Joseia, a'i ddarllen iddo.

Roedd Joseia wedi cael siom. "Mae Duw wedi gofyn i ni wneud llawer o bethau, a ninnau wedi methu," llefodd. "Rhaid i ni gywiro pethau ar unwaith."

Dywedodd Joseia wrth y bobl am ufuddhau i reolau Duw unwaith eto. Buon nhw'n dathlu gŵyl fawr. Roedd yn bryd iddyn nhw gofio eu bod, unwaith, yn gaethweision yn yr Aifft.

Roedd yn bryd iddyn nhw ddiolch i Dduw am eu gollwng yn rhydd.

Jerwsalem yn adfeilion

Yn amser y brenin Joseia, roedd ei bobl yn gwybod bod yn rhaid iddyn nhw ufuddhau i Dduw.

Ond daeth brenhinoedd eraill i deyrnasu ar ei ôl, ac anghofiodd pawb fod yn ffyddlon.

Daeth gelyn newydd i ymladd yn eu herbyn: Nebuchadnesar, brenin Babilon, oedd yn mynnu rheoli pawb a phopeth. Llwyddodd ei fyddin i orchfygu Jerwsalem. Llosgon nhw'r Deml; cipion nhw bobl o'u cartrefi a mynd â nhw i Fabilon.

Yng ngweddillion y ddinas, dechreuodd y bobl grio. Doedd ganddyn nhw ddim cartrefi, dim bwyd. Roedd popeth wedi mynd o chwith.

Ond dechreuon nhw obeithio eto wrth gofio un peth:

Mae cariad a thosturi Duw yn para am byth – mor newydd â'r bore, mor sicr â'r wawr.

Y ffwrnais dân

Ymhlith y bobl aeth o Jerwsalem i Fabilon roedd tri dyn ifanc da a doeth: Sadrach, Mesach ac Abednego.

Adeiladwyd delw aur i'r Brenin Nebuchadnesar. Aeth pawb draw i'w gweld.

"Pan fydd y gerddoriaeth yn chwarae," meddai'r gwas, "rhaid i chi blygu i lawr."

Ond gwrthododd Sadrach, Mesach ac Abednego blygu. "Dim ond ein Duw ni rydyn ni'n ei addoli," medden nhw.

Collodd y Brenin ei dymer. "Taflwch nhw i mewn i'r ffwrnais dân!" gwaeddodd.

Taflwyd y dynion i mewn i'r fflamau. Ond anfonodd Duw angel i'w cadw'n ddiogel.

Cafodd y Brenin fraw. "Tynnwch nhw o'r ffwrnais!" llefodd. "Mae eu Duw nhw'n rhyfeddol."

Daniel a'r llewod

Roedd Daniel yn ffyddlon i frenhinoedd Babilon, ond bob dydd edrychai i gyfeiriad Jerwsalem a gweddïo.

Pan gafodd Dareius ei wneud yn frenin, rhoddodd y swydd bwysicaf un i Daniel. Roedd pobl eraill yn teimlo'n genfigennus.

"O Frenin," medden nhw, "rwyt ti'n fawr ac yn wych. Dylai pobl ymddiried ynot ti, a neb arall. Rwyt ti wedi gwneud rheol na ddylen ni weddïo ar neb heblaw ti.

"Ond wyddost ti . . . mae Daniel yn mynnu gweddïo ar ei Dduw ei hun."

Am ei fod yn torri'r rheol, cafodd Daniel ei daflu i ffau'r llewod.

Anfonodd Duw angel i gadw Daniel yn ddiogel.

"Dewch â Daniel allan," meddai Dareius. "Mae'n amlwg mai ei Dduw ef ydy'r mwyaf o'r cyfan."

’Nôl adref

Pan ddaeth Cyrus yn frenin, fe wnaeth e reol newydd. Roedd pawb oedd wedi cael eu gorfodi i fyw ym Mabilon yn cael mynd ’nôl adref. Roedd hynny’n cynnwys yr Iddewon, oedd â dinas Jerwsalem yn gartref iddyn nhw.

Aeth llawer ’nôl adref yn llawn gobaith.

Roedd adeiladu eu tai yn waith caled.

Roedd adeiladu’r Deml yn waith caled hefyd, er nad oedd hon hanner mor wych â’r un a losgwyd i’r llawr. Roedd adeiladu waliau i gadw’r ddinas yn ddiogel yn waith caled.

O’r diwedd, roedd y gwaith wedi’i orffen. Daeth pawb at ei gilydd i ddathlu.

Dywedodd Sechareia, ffrind i Dduw, ychydig eiriau o obaith:

“Rhyw ddiwrnod, bydd Duw yn anfon brenin newydd – brenin heddwch.”

Y babi yn y preseb

Dywedodd angel wrth Mair ei bod hi am gael babi: Mab i Dduw.

"Gofala di am Mair a'i phlentyn," meddai'r angel wrth Joseff.

Y noson y cafodd babi Mair ei eni, roedden nhw ym Methlehem, ymhell o'u cartref. Doedd dim lle yn y llety, felly aethon nhw i gysgodi mewn stabl.

Ar y bryniau, roedd bugeiliaid yn gwylio'u defaid. Gwelson nhw angel.

"Mae gen i newyddion da," meddai'r angel. "Heno, ym Methlehem, mae brenin wedi'i eni. Bydd e'n achub y byd rhag popeth drwg sydd wedi digwydd.

"Ewch – mae e wedi'i lapio mewn cadachau ac yn gorwedd mewn preseb."

Aeth y bugeiliaid ar unwaith, a dod o hyd i Mair a Joseff a'r baban Iesu.

Y doethion a'r seren

Yn y dwyrain, gwelodd doethion seren newydd ddisglair yn yr awyr. "Arwydd ydy'r seren," medden nhw. "Mae brenin wedi'i eni i'r Iddewon."

Dechreuon nhw ddilyn y seren. Ar ôl teithio'n bell, bell, daethon nhw i Jerwsalem.

Dywedodd y doethion y newyddion wrth y Brenin Herod. Doedd e ddim yn hapus o gwbl. Ei waith e oedd gwneud i bawb ufuddhau i ymerawdwr Rhufain. Byddai brenin go iawn yn achosi trafferth.

"Beth wyddoch chi am frenin yr Iddewon?" gofynnodd i'w gynghorwyr.

"Rhyw ddiwrnod, bydd brenin Duw'n cael ei eni ym Methlehem," medden nhw.

Anfonodd Herod y doethion i Fethlehem. Roedd y seren yn goleuo pob cam o'u ffordd at Iesu.

Rhoddodd y doethion anrhegion i'r babi: aur, thus a myrr.

Iesu'n tyfu'n ddyn

Cafodd Iesu ei fagu yn Nasareth. Dysgodd Joseff iddo sut i wneud gwaith saer coed. Yn yr ysgol, dysgodd am ffydd yr Iddewon.

Pan oedd Iesu'n ddeuddeg oed, aeth i Jerwsalem i ddathlu gŵyl y Pasg i ddiolch i Dduw, sy'n gollwng pobl yn rhydd. Aeth Iesu yno gyda'i rieni a chriw o bobl Nasareth. Ar ddiwedd y dathliadau, trodd pawb am adref.

Pawb ond Iesu. Doedd dim golwg ohono yn unman.

Brysiodd Mair a Joseff yn ôl i Jerwsalem i chwilio amdano.

O'r diwedd, daethon nhw o hyd iddo yn y Deml, yn siarad ag athrawon doethaf yr Iddewon.

"Pam oeddet ti'n poeni?" gofynnodd Iesu i'w fam. "Doeddet ti ddim yn gwybod 'mod i yn nhŷ Duw, fy Nhad?"

Aeth Iesu adref gyda'i rieni, a thyfu i fyny'n fab da ac ufudd.

Bedyddio Iesu

Roedd gan Iesu gefnder o'r enw Ioan. Dyna olwg od oedd arno, gyda'i wallt hir a'i glogyn garw! Roedd e'n byw yn yr anialwch, ac yn bwyta bwyd syml.

Roedd pawb yn siarad am ei bregethau.

"Peidiwch â bod yn ddrwg," galwodd ar y bobl oedd yn gwrando arno. "Gadewch i mi eich bedyddio yn yr afon – bydd yn ddechrau newydd i chi. Bydd Duw'n maddau i chi."

Un diwrnod, daeth Iesu ato a gofyn am gael ei fedyddio. Wrth i Ioan godi Iesu allan o'r dŵr, daeth Ysbryd Duw ar ffurf colomen a glanio ar Iesu. Daeth llais o'r nefoedd yn dweud: "Ti ydy fy Mab annwyl; rydw i'n meddwl y byd ohonot ti."

Iesu a'r pysgotwyr

Roedd y bedydd yn gychwyn ar gyfnod newydd i Iesu. Gwrthododd y demtasiwn i fyw bywyd hawdd. Roedd yn benderfynol o wneud beth oedd Duw eisiau.

Dechreuodd bregethu yn Nasareth a threfi eraill Galilea.

"Mae gen i newyddion da," meddai wrth y bobl. "Mae teyrnas Dduw ar fin dod . . . a gallwch chi fod yn rhan ohoni. Peidiwch â bod yn ddrwg – ceisiwch fyw fel mae Duw am i chi wneud."

Roedd 'na bysgotwyr ar lan Llyn Galilea: Simon Pedr ac Andreas, Iago ac Ioan.

"Dewch i'm helpu i gasglu pobl i deyrnas Dduw," meddai Iesu.

Gadawodd y pysgotwyr eu rhwydi a dilyn Iesu.

Sut i fod yn ffrindiau gyda Duw

Daeth llawer iawn o bobl i wrando ar Iesu.

"Ydych chi eisiau byw fel mae Duw am i chi wneud?" gofynnodd. "Os felly, bydd Duw'n eich helpu a'ch bendithio.

"Rydych chi wedi clywed y geiriau, 'Dylech garu'ch ffrindiau a chasáu'ch gelynion.'

"Rydw i'n dweud wrthych am garu'ch gelynion hefyd. Mae hyd yn oed y bobl ddrwg yn garedig wrth bobl sy'n garedig wrthyn nhw.

"Cofiwch fod Duw'n anfon yr haul a'r glaw at bobl dda a phobl ddrwg. Cofiwch fod yn garedig wrth bobl dda a phobl ddrwg fel ei gilydd.

"Dyna'r ffordd orau o fod yn ffrindiau gyda Duw."

Sut i weddïo

“Pan fyddwch yn gweddïo,” meddai Iesu, “ewch i’ch stafell a chau’r drws. Dim ond Duw eich Tad fydd yn eich gweld, a bydd Duw’n gwrando arnoch chi.

“Peidiwch ag adrodd gweddi hir. Mae Duw’n gwybod yn iawn beth sydd ei angen arnoch chi. Dywedwch y geiriau hyn:

“Ein Tad yn y nefoedd,
sancteiddier dy enw,
deled dy deyrnas,
gwneler dy ewyllys
ar y ddaear fel yn y nefoedd.
Rho i ni heddiw ein bara beunyddiol
a maddau ein pechodau
fel rydyn ni’n maddau i’r rhai sy’n pechu
yn ein herbyn.
Paid â’n harwain ni i demtasiwn,
ond cadwa ni rhag y pethau drwg.”

Y pethau pwysig

“Y peth pwysicaf un,” meddai Iesu, “ydy byw fel ffrind i Dduw.

“Peidiwch â phoeni am gael llwythi o bethau. Dydyn nhw ddim yn para am byth. Ac fe fyddwch chi’n poeni rhag ofn i rywun eu dwyn.

“Edrychwch ar yr adar. Dydyn nhw ddim yn hau hadau nac yn casglu’r cynhaeaf. Ac eto, mae Duw’n rhoi digon o fwyd iddyn nhw.

“Edrychwch ar y blodau gwyllt. Dydyn nhw ddim yn gwnïo dillad. Ac eto, mae Duw’n eu gwisgo mewn petalau lliwgar – sy’n llawer harddach na dillad brenin.

“Ceisiwch fod yn rhan o deyrnas Dduw. Mae Duw’n gwybod beth sydd arnoch ei angen, a bydd yn gofalu amdanoch.”

Stori'r ddau dŷ

"Gwrandwch arna i," meddai Iesu wrth y torfeydd. "Gwrandwch – a chofio ufuddhau.

"Os gwnewch chi hynny, byddwch fel y person a adeiladodd dŷ ar graig uchel. Roedd y glaw yn tywallt, y dŵr yn codi'n uchel, a'r gwynt yn rhuo. Ond hyd yn oed yng nghanol y storm, roedd y tŷ'n ddiogel.

"Beth os byddwch yn gwrando arna i, ond yn anghofio ufuddhau? Bryd hynny byddwch fel y person a adeiladodd dŷ ar dywod ar lan yr afon. Roedd y glaw yn tywallt, y dŵr yn codi'n uchel, a'r gwynt yn rhuo. Cwympodd y tŷ i lawr.

"Crash! Dyna i chi sŵn!"

Y twll yn y to

Roedd Iesu'n gwneud llawer o bethau heblaw siarad am Dduw. Roedd yn dangos cariad Duw trwy wella pobl sâl.

Un diwrnod, roedd Iesu mewn tŷ. Roedd pobl wedi teithio'n bell i wrando arno. Daeth pedwar dyn yno, yn cario'u ffrind oedd yn methu cerdded. Doedden nhw ddim yn gallu mynd yn agos at y drws.

Cafodd un ohonyn nhw syniad. "Beth am ddringo ar y to fflat a gwneud twll ynddo?" Yn ofalus, dyma nhw'n gollwng gwely eu ffrind i lawr ar raffau – reit o flaen Iesu.

Edrychodd Iesu i fyny a gweld wynebau'r dynion, yn llawn gobaith.

Edrychodd ar eu ffrind. "Mae Duw'n maddau i ti," meddai.

Roedd pawb wedi synnu pan welson nhw beth ddigwyddodd nesaf.

"Cod ar dy draed a cherdded," meddai Iesu.

Roedd y dyn yn well! Aeth allan gan ddawnsio'n hapus.

Jairus a'i ferch

Roedd Jairus yn poeni. Roedd e wedi bod yn yr harbwr, yn aros am y cwch oedd yn cario Iesu. Er mwyn bod yn agos at Iesu, gwthiodd ei ffordd drwy'r dorf.

"Ddoi di i wella fy merch i?" gofynnodd.

Er bod Iesu wedi cytuno, roedd yn cymryd llawer o amser i gyrraedd y tŷ.

Daeth gwas at Jairus. "Mae'n ddrwg gen i," meddai, "ond mae dy ferch fach wedi marw."

"Paid â phoeni," meddai Iesu wrtho. "Fe ddo i 'nôl gyda ti."

Aeth i mewn i'r stafell lle roedd y ferch yn gorwedd yn llonydd ac yn welw. Gafaelodd yn ei llaw. "Coda, ferch fach," meddai.

Cododd merch Jairus ar ei heistedd. Roedd Iesu wedi'i gwneud hi'n fyw unwaith eto.

Dafad ar goll

"Gall unrhyw un berthyn i deyrnas Dduw," meddai Iesu. "Mae Duw'n barod i faddau."

Roedd llawer yn anghytuno, felly adroddodd Iesu stori.

"Un tro, roedd gan ryw fugail gant o ddefaid. Aeth un ddafad ar goll. Gadawodd y naw deg naw yn pori'n saff yn y cae a mynd i chwilio am y ddafad oedd ar goll. Cerddodd ar hyd y llwybr caregog a gwthio heibio'r llwyni pigog.

"Daliodd ati i chwilio nes dod o hyd i'r ddafad. Cododd hi'n ofalus a'i chario adref.

" 'Rhaid i ni ddathlu,' meddai wrth ei ffrindiau. 'Rydw i wedi dod o hyd i'r un ddafad oedd ar goll.'

"Mae Duw fel y bugail yna," meddai Iesu. "Mae'n hapus pan fydd rhywun sydd wedi colli'i ffordd yn cyrraedd y deyrnas yn ddiogel."

Y tad oedd yn fodlon maddau

Adroddodd Iesu'r stori hon i ddangos sut un ydy Duw.

"Roedd gan ffermwr ddau fab. Roedd yr hynaf yn gweithio'n galed, ond roedd gan y llall ei gynlluniau ei hun.

" 'Ga i arian gen ti, Dad?' gofynnodd. Aeth i ddinas bell a dechrau gwario'i arian yn wirion. Yn fuan doedd dim arian ar ôl. Roedd yn rhaid iddo gymryd gwaith yn gofalu am foch.

" 'Byddai'n well i mi fynd adref a dweud sorri,' ochneidiodd.

"Cerddodd bob cam adref. Gwelodd ei dad e'n dod a rhedeg tuag ato.

" 'Croeso!' meddai ei dad.

" 'Mae'n ddrwg gen i . . .' meddai'r mab.

" 'Paid â phoeni!' chwarddodd y tad. 'Rhaid i ni gael parti. Ro'n i'n meddwl 'mod i wedi dy golli . . . ond rwyt ti'n fyw ac yn iach.' "

Y Samariad Caredig

Roedd rheolau Duw'n dweud wrth bawb am garu'i gilydd. Beth oedd hynny'n feddwl?

Dywedodd Iesu stori. "Roedd 'na ddyn yn teithio o Jerwsalem i Jericho. Daeth lladron i ymosod arno, a'i adael wedi'i glwyfo wrth ochr y ffordd.

"Daeth offeiriad o'r Deml heibio. Gwelodd y dyn, a mynd heibio ar yr ochr arall.

"Daeth un o weision y Deml heibio. Gwelodd y dyn, a mynd draw i gael golwg arno cyn brysio i ffwrdd.

"Daeth Samariad heibio – a dyw'r Samariaid ddim yn addoli yn y Deml. Gwelodd y dyn wrth ochr y ffordd. Aeth ato a thrin ei glwyfau. Yna aeth ag e i westy a threfnu bod rhywun yn gofalu amdano.

"Felly," gofynnodd Iesu, "pwy ddangosodd gariad at y dyn? Penderfynwch chi."

Y storm ar y llyn

Yn aml iawn, roedd Iesu'n teithio mewn cwch i drefi ar lan Llyn Galilea.

Un noson, ar ôl diwrnod prysur, dringodd Iesu ar fwrdd cwch a gorwedd i lawr i gysgu. Hwyliodd ei ffrindiau allan ar y llyn.

Yn sydyn, cododd yn storm. Roedd y gwynt yn rhuo a'r tonnau'n wyllt. Dechreuodd y cwch lenwi â dŵr.

"Deffra, Iesu!" gwaeddodd ei ffrindiau. "Rydyn ni bron â boddi!"

Cododd Iesu ar ei draed. "Ust," meddai wrth y gwynt. "Gorweddwch yn llonydd," meddai wrth y tonnau.

Ar unwaith, roedd y llyn yn llyfn fel gwydr.

Dechreuodd ffrindiau Iesu sibrwd ymysg ei gilydd.

"Pwy ydy Iesu? Mae hyd yn oed y gwynt a'r tonnau'n gwrando arno."

Gwledd i'r pum mil

Un diwrnod, daeth tyrfa fawr i weld Iesu. Roedden nhw wedi clywed am y gwyrthiau roedd e'n wneud, ac yn awyddus i'w gweld drostynt eu hunain.

"Dylen ni eu bwydo nhw," meddai Iesu wrth ei ffrindiau. "Ble gawn ni fwyd?"

"Byddai'n costio ffortiwn i fwydo cymaint â hyn!" atebodd rhywun.

Ac meddai un arall: "Mae gan y bachgen acw bum torth a dau bysgodyn – ond dydy hynny ddim hanner digon."

"Gofynnwch i bawb eistedd," meddai Iesu.

Eisteddodd pawb. Cymerodd Iesu fwyd y bachgen a dweud gweddi o ddiolch. Rhoddodd y bwyd i'w ffrindiau i'w rannu rhwng y bobl.

A thrwy ryw wyrth, roedd digonedd o fwyd i bawb.

Iesu a'r plant

Un diwrnod, daeth pobl â'u plant bach i weld Iesu.

"Gawn ni ofyn i Iesu fendithio'n plant bach ni?" gofynnon nhw.

Ond doedd ffrindiau Iesu ddim yn fodlon gadael iddyn nhw fynd heibio.

"Mae ein meistr yn ddyn prysur iawn," medden nhw'n ddig. "Mae ganddo bethau pwysig i'w gwneud . . . a phobl bwysig i'w gweld."

Clywodd Iesu nhw'n siarad. "Dewch â'r plant ataf i," meddai'n siriol. "Peidiwch â'u rhwystro nhw.

"Mae teyrnas Dduw'n perthyn i blant bach fel y rhain.

"Rhaid i unrhyw un sydd am fod yn rhan o deyrnas Dduw fod yn debyg i'r plant hyn."

Iesu'n mynd i Jerwsalem

Am dair blynedd, bu Iesu'n pregethu a dysgu. Roedd e'n dweud pethau doeth, ac yn gwneud i bethau gwyrthiol ddigwydd. Dechreuodd pobl feddwl, "Tybed ai hwn ydy'r brenin mae Duw wedi'i addo?"

Un diwrnod, aeth Iesu i Jerwsalem ar gyfer Gŵyl y Bara Croyw, i ddiolch i'r Duw sy'n gollwng pobl yn rhydd. Roedd torfeydd o bobl yn mynd yno am yr un rheswm.

Gwelson nhw Iesu, yn teithio ar gefn asyn.

"Bendith Duw ar y brenin!" gwaeddodd rhywun. Torrodd rhai pobl ganghennau o'r coed palmwydd a'u chwifio fel baneri.

Roedd pobl yn dechrau gobeithio: efallai y byddai Iesu'n gwneud rhywbeth rhyfeddol i ollwng y bobl yn rhydd.

Helynt mawr

Doedd pawb yn Jerwsalem ddim yn hapus o weld Iesu.

"Rydyn ni'n poeni am ei bregethau," cwynodd yr athrawon yn ddig. "Gormod o sôn am gariad, a dim hanner digon am y Rheolau."

"A ddylai e ddim gadael i'r bobl ei drin fel brenin wedi'i ddewis gan Dduw."

Roedd offeiriaid y Deml yn ddig hefyd. "Fe ddaeth i mewn i'r buarth a thaflu'r holl stondinau marchnad allan," cwynodd rhai. "Dwedodd mai tŷ gweddi oedd y Deml i fod. Beth mae e'n ddisgwyl ar adeg gŵyl?"

Dechreuon nhw gynllwynio i gael gwared â Iesu. Daeth Jwdas Iscariot, un o ffrindiau Iesu, atyn nhw'n gyfrinachol a chynnig eu helpu.

Y swper olaf

Gŵyl y Pasg oedd hi. Daeth Iesu a'i ffrindiau at ei gilydd i rannu gwledd y dathlu ac i ddiolch i'r Duw sy'n gollwng pobl yn rhydd.

"Rydw i wrth fy modd yn rhannu'r wledd hon gyda chi cyn i'r helyntion ddechrau," meddai Iesu. "Bydd ystyr newydd iddi yn nheyrnas Dduw."

Cymerodd ddarn o fara, ei dorri, a'i rannu rhwng ei ffrindiau. "Hwn ydy fy nghorff, sy'n cael ei roi drosoch chi," meddai. "Gwnewch hyn i gofio amdanaf."

Cymerodd y cwpan gwin a'i rannu rhwng pawb. "Y cwpan hwn ydy addewid newydd Duw – wedi'i gwneud â'm gwaed i fy hun.

"Bob tro y byddwch yn yfed y gwin, cofiwch amdana i."

Iesu'n maddau

Ar ôl y swper, aeth Iesu a'i ffrindiau i ardd Gethsemane. Aeth Iesu i weddïo ar ei ben ei hun.

Doedd dim golwg o Jwdas Iscariot. Ond daeth 'nôl yn y man – a dynion arfog gydag e. Aethon nhw â Iesu o'r ardd i gwrdd â'r offeiriaid a'r athrawon.

"Rwyt ti'n achosi helynt," medden nhw. "Yn waeth fyth, rwyt ti'n sarhau Duw trwy adael i bobl feddwl ei fod wedi dy ddewis di yn frenin. Rwyt ti'n euog."

Aethon nhw â Iesu at Pontius Pilat, ymerawdwr Rhufain. "Rhaid i ti gosbi Iesu," medden nhw, "neu fe fydd 'na helynt."

"Croeshoeliwch ef!" meddai Pilat wrth ei filwyr.

Ar y groes, edrychodd Iesu ar y rhai oedd wedi gwneud cam ag e. "Maddau iddyn nhw, o Dad," meddai.

Y Pasg cyntaf

Bu Iesu farw ar y groes. Cariodd rhai o'i ffrindiau ei gorff i'r bedd. Roedd yr haul yn machlud, felly caeodd ffrindiau Iesu y bedd â charreg fawr, a brysio adref.

Diwrnod o orffwys oedd y diwrnod wedyn. Yn gynnar iawn y bore ar ôl hynny, aeth rhai merched at y bedd i ffarwelio â Iesu am y tro olaf.

Ond am sioc gawson nhw! Roedd y garreg wedi symud, a chorff Iesu wedi diflannu.

Safon nhw'n stond yn syllu ar y bedd gwag. Yn sydyn, gwelson nhw ddau angel disglair.

"Pam rydych chi'n chwilio yng nghanol rhai sydd wedi marw am rywun sy'n fyw?" gofynnodd yr angylion. "Dydy Iesu ddim yma: mae e wedi atgyfodi."

Newyddion da

Cyn bo hir, roedd ffrindiau Iesu wedi clywed y newyddion.

"Ydy'r peth yn bosib? Ydy e wir yn fyw?"

"Ydy! Rydyn ni wedi'i weld e!"

Dywedodd Iesu wrth ei ffrindiau beth i'w wneud: "Ewch i ddweud wrth y byd am gariad a maddeuant Duw. Dwedwch wrth bawb y gallan nhw droi cefn ar bethau drwg, a bod yn rhan o deyrnas Dduw.

"Bydd Duw'n anfon ei Ysbryd i'ch helpu."

Yn fuan wedyn, ffarweliodd Iesu â nhw a chodi i'r nefoedd.

Ymhen deg diwrnod, roedd ffrindiau Iesu gyda'i gilydd ar ŵyl y Pentecost. Clywson nhw wynt yn rhuo. Gwelson nhw fflamau o dân.

Roedden nhw'n teimlo'n wahanol: roedd Duw yn eu gwneud yn gryf er mwyn gallu dweud y newyddion wrth bawb.

Un o'r rhai oedd yn helpu i ddweud y newyddion wrth bawb oedd Simon Pedr.

"Trowch eich cefn ar bethau drwg. Ewch i gael eich bedyddio. Bydd Duw'n maddau i chi. Mae'n galw arnoch i fod yn blant iddo ef."

Un arall oedd Paul. Teithiodd yntau filltiroedd lawer i ddweud y newyddion da.

"Gan eich bod yn blant annwyl i Dduw," meddai, "rhaid i chi geisio bod yn debyg iddo. Rhaid i chi ddangos cariad yn eich bywyd, fel y dangosodd Iesu gariad tuag aton ni."